NATIONAL GEOGRAPHIC KiDS

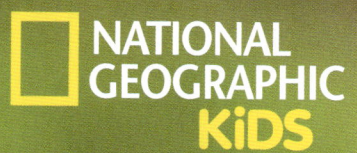

자연 다큐 백과

수리와 올빼미

블레이크 호에나, 힐러리 S. 영 지음 | 김아림 옮김 | 박재근 감수

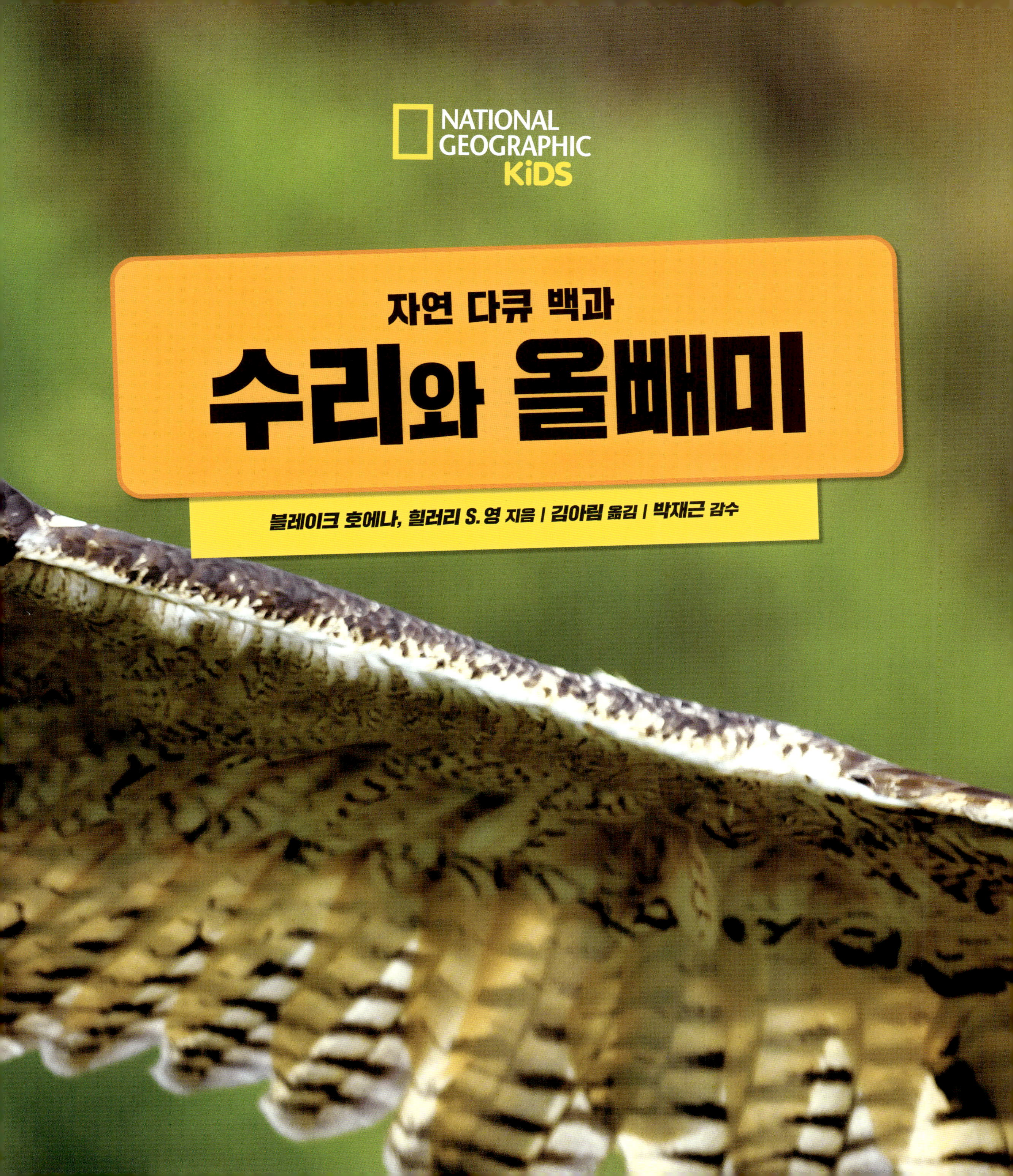

차례

소개합니다! 6

❶ 사나운 새를 만나요 8
- 하늘의 최강 사냥꾼 10
- 끼리끼리 모여 봐요 12
- 나라를 대표하는 멋진 새 14
- 가장 놀라운 능력을 가진 새는 무엇일까요? 16
- **생생한 자연 관찰** 맹금류의 몸을 살펴보아요 18

❷ 매와 수리, 올빼미의 생활 20
- 맹금류의 보금자리와 짝짓기 생활 22
- 톡톡, 알을 깨고 새끼가 나왔어요 24
- 먹이를 찾는 맹금류의 타고난 감각 26
- 뛰어난 사냥 기술의 비밀 28
- **찰칵! 맹금류 사진전** 아름답고 강력한 새 30

❸ 맹금류가 하늘을 지배하는 법 32
- 먹잇감을 사냥하는 여러 가지 방법 34
- 사람과 함께 사냥하기 36
- 같은 듯 다른 특별한 새 38
- 사라질 위험에 처했어요 40
- **맹금류 VS 사람** 누가 더 뛰어날까요? 42

❹ 재미있는 맹금류 정보 44
- 하늘을 나는 여러 가지 기술 46
- 알쏭달쏭 맹금류 소문의 사실과 거짓 48
- 나는 어떤 새랑 닮았을까요? 50
- 인류 문화 속에서 만나 보는 맹금류 52
- **탐험가가 들려주는 뒷이야기** 54

맹금류의 위기는 곧 인류의 위기 56
도전! 맹금류 박사 퀴즈를 풀며 용어를 익혀요 60
찾아보기 62

왕대머리수리는 중앙아메리카와 남아메리카에서 살아요. 화려한 색의 머리와 부리에 늘어진 주름살이 특징이지요. 머리가 왜 이렇게 화려한 색인지는 새 연구가들도 잘 몰라요.

참수리는 날개 위쪽이 희고 몸통이 갈색이라서 눈에 잘 띄어요.

소개합니다!

하늘 위로 날개 달린 거대한 것이 날아오르는 게 보이나요?

비행기는 아니에요. 슈퍼 영웅도 아니지요. 바로 사나운 새, 맹금류랍니다. '맹금류'라는 말이 너무 어렵다고요? 수리, 매, 올빼미처럼 다른 동물을 잡아먹는 사나운 새의 무리를 맹금류라고 해요. 맹금류에게는 그 밖의 새와 다른 엄청난 능력이 있답니다. 예를 들어, 송골매는 지구에서 가장 빠른 동물이에요. 전투기처럼 쏜살같이 날아가 곤충이나 다른 새들을 낚아채지요. 참매는 눈이 아주 좋아서 수백 미터 높이에서도 풀밭을 날쌔게 뛰어가는 생쥐를 찾아내요. 올빼미는 밤에 소리 없이 날아다니며 먹잇감이 눈치채지 못하게 뒤를 쫓고요. 독수리는 발톱이 아주 날카롭고 힘이 세서 먹잇감의 뼈도 부술 수 있어요. 어때요? 지구에서 덩치 크고 날쌔기로 손에 꼽히는 이 새들이 점점 더 궁금해지지 않나요?

탐험가 인터뷰

안녕하세요! 나는 힐러리 S. 영이라고 해요. 동물 무리들과 사람이 특정 동물에게 어떤 영향을 미치는지 연구하지요. 특히 새들을 연구할 때가 많아요. 지구가 제대로 기능하는 데 새가 중요한 역할을 하기 때문이에요. 나는 여러 해 동안 날카로운 부리와 발톱을 가진 새를 연구하면서 놀라운 사실을 알아냈어요. 이 책 '탐험가 인터뷰' 코너에서 멋진 새들의 생활과 행동, 사는 곳에 대한 이야기를 여러분에게 들려줄게요.

그리폰독수리가 죽은 동물을 뜯어 먹고 있어요. 이처럼 독수리는 죽은 동물을 먹고 살아요.

1 사나운 새를 만나요

하늘의 최강 사냥꾼

하늘을 지배하는 최강자는 누구일까요?

바로 맹금류예요. 맹금류는 덩치가 크고 고기를 먹는 새 무리지요. 뛰어난 사냥꾼, 최고 비행사, 죽은 동물을 먹는 청소부로도 불려요. 먹잇감을 찾을 때 하늘에서 천천히 빙빙 돌다가 먹잇감이 나타나면 날쌔게 달려든답니다.

맹금류는 영어로 '랩터(raptor)'라고도 해요. '낚아채다', '빼앗다'의 뜻을 가진 라틴어 '라페레(rapere)'에서 따왔지요.

미크로랍토르

새의 조상이 공룡이라고요?

먼 옛날 생물을 연구하는 고생물학자들은 새의 조상이 수각류*라고 생각해요. 새가 티라노사우루스나 벨로키랍토르와 비슷한 동물이라는 말이지요. 못 믿겠다고요? 둘은 다음과 같은 점들이 비슷해요.

- 수각류는 몸을 따뜻하게 해 주는 깃털이 있었어요. 새끼일수록 특히 그랬지요.
- 육식 공룡 미크로랍토르는 깃털 달린 날개가 있었어요. 맹금류처럼 높은 나무에서 미끄러지듯 날아 내려서 먹잇감을 공격했지요.
- 육식 공룡 데이노니쿠스의 뒷발톱은 맹금류의 발톱처럼 날카로웠어요.
- 공룡과 새 모두 몸에 비늘이 있어요. 새의 비늘은 주로 발가락이나 발목에서 볼 수 있어요.
- 공룡도 오늘날 새처럼 알을 낳았어요.

티라노사우루스에게 날개가 달렸다고 상상해 보세요! 무섭지 않나요? 다행히 오늘날 맹금류는 날개 달린 공룡의 후손 치고는 덩치가 작아요.

*수각류: 날카로운 이빨과 발톱이 있는 육식 공룡.

잠깐 상식! 깃털은 새와 다른 동물들을 구별하는 특징 중 하나예요.

맹금류가 특별한 이유

다른 동물을 잡아먹는 새들은 또 있어요. 펭귄은 물에 뛰어들어 물고기를 쫓아서 잡아먹고, 황새는 길고 뾰족한 부리로 개구리를 낚아채 먹지요. 제비는 곤충을 잡아먹으려고 쏜살같이 날아요. 하지만 이 새들을 맹금류라고 하지는 않아요. 맹금류만의 세 가지 특징을 전부 갖추지 못했기 때문이에요.

- 날카로운 발톱
- 갈고리처럼 구부러진 부리
- 멀리 있는 먹잇감을 찾아내는 뛰어난 시력*

*시력: 눈으로 보고 인식하는 능력.

죽은 동물을 먹어요

독수리는 죽은 동물을 먹기로 유명해요. 종종 살아 있는 물고기를 물속에서 낚아채 먹기도 하지요. 그래도 죽은 동물을 먹는 것이 살아 있는 먹잇감을 사냥해 죽이는 것보다 힘이 훨씬 덜 들어요.

비늘에 덮인 맹금류의 발톱이에요.

숫자로 알아보아요!

10,000 지구에 사는 새들의 종 수.

450 전 세계 맹금류의 종 수.

217 맹금류 중 수리과의 종 수.

123 맹금류 중 올빼미과의 종 수.

11

끼리끼리 모여 봐요

사람들은 보통 '맹금류'라고 하면 매와 독수리를 떠올려요.

하지만 이 둘은 맹금류 가운데 한 종류일 뿐이에요. 맹금류에는 매와 독수리 말고도 솔개, 올빼미, 황조롱이, 개구리매 등 수백 종의 새들이 포함되어 있지요. 맹금류는 크게 낮에 활동하는 무리인 매목, 수리목과 밤에 활동하는 무리인 올빼미목으로 나누어요.

새를 분류하는 법

모든 새는 깃털과 날개가 있어요. 척추동물이어서 등뼈도 있지요. 이러한 특징들을 모두 가진 동물을 **조류강**이라고 묶어요. 하지만 조류강은 너무 큰 무리여서 새 연구가들은 조류강을 더 세세하게 분류했어요. 조류강보다 작은 단위인 **목**, 그보다 더 작은 단위인 **과**, 그리고 제일 작은 단위인 **종**으로요. 예를 들어, 참매는 조류강, 수리목, 수리과에 속하는 종이지요.

낮에 활동하는 맹금류

매목과 수리목은 주로 낮에 활동해요. 매목은 매과, 수리목은 콘도르과, 수리과, 물수리과, 뱀잡이수리과로 나누지요. 각 과에는 여러 종들이 있어요.

매과 황조롱이, 엘레오노라매 등 약 60종이 있어요. 이 새들은 날아다니는 동물을 사냥해요. 발톱으로 먹잇감을 순식간에 낚아챈 다음 부리로 재빨리 찔러 죽이지요. 날개를 파닥거리는 먹잇감과 같이 나는 건 위험하기 때문이에요.

콘도르과 검은대머리수리, 캘리포니아콘도르, 안데스콘도르 등 7종이 있어요. 머리가 벗겨지고 큰 날개를 가졌지요. 주로 죽은 동물을 먹어요.

수리과 솔개, 독수리, 개구리매, 수염수리 등 약 217종이 있어요. 둥근 날개를 가졌고, 다리는 길지 않지요. 대부분 혼자서 생활해요.

물수리과 물수리가 속해요. 발가락과 발바닥이 주 먹이인 물고기를 잡기에 편리하게 생겼어요.

뱀잡이수리과 뱀잡이수리만 있어요. 다리가 길어서 황새와 비슷해 보이지요. 하늘을 날 수는 있지만, 많은 시간을 땅 위에서 보내며 곤충이나 도마뱀을 사냥해요.

잠깐 상식! 수염수리는 벼랑에서 먹잇감을 떨어뜨린 뒤 부서진 뼈에서 골수를 빼 먹어요.

매과

콘도르과

수리과

뱀잡이수리과

물수리과

올빼미목

밤에 활동하는 맹금류

올빼미목은 매목, 수리목과 달리 대부분 밤에 활동하는 무리예요. 몇몇은 해가 뜨기 전 어둑한 새벽에 사냥하지요. 올빼미목은 두 개의 과로 나누어요.

올빼미과 소쩍새, 비명올빼미, 가시올빼미, 수리부엉이 등 123종이 있어요. 주로 나무에 살며 작은 동물과 곤충을 잡아먹고, 한곳에 오래 머물며 살아요.

원숭이올빼미과 원숭이올빼미, 가면올빼미, 베이올빼미 등 16종이 있으며, 그중 원숭이올빼미가 가장 흔해요. 전 세계 숲에서 발견돼요.

알쏭달쏭 올빼미 구별법

올빼미과와 원숭이올빼미과는 어떻게 구별할까요? 조금만 주의 깊게 살펴보면 생각보다 쉽게 구별할 수 있어요. 다음은 두 과의 올빼미가 갖는 몇 가지 특징이에요.

올빼미과
- 눈두덩이를 따라 보이는 원반* 모양
- 큰 눈
- 짧은 부리
- 세 번째 발가락이 길고 발톱 표면이 매끄럽다.

*원반: 접시처럼 둥글고 납작하게 생긴 물건.

비명올빼미

원숭이올빼미과
- 하트 모양의 얼굴
- 작은 눈
- 가늘고 길쭉한 부리
- 발톱에 빗살무늬가 있거나 가장자리가 울퉁불퉁하다.

원숭이올빼미

나라를 대표하는 멋진 새

맹금류는 전 세계 대부분의 대륙*에 살아요.

아주 추운 남극만 빼고요. 힘세고 사냥 잘하는 새로 유명한 맹금류는 나라를 대표하는 새로 정해지기도 해요. 나라를 대표하는 새는 다른 말로 '국조'라고 한답니다.

*대륙: 바다로 둘러싸인 거대한 육지.

흰머리수리
덩치가 크고 머리에 새하얀 깃털이 난 흰머리수리는 북아메리카 지역에서 볼 수 있어요. **미국**을 대표하는 새예요.

머리깃카라카라
멕시코를 대표하는 새예요. 새끼 때는 얼굴이 보라색이었다가 다 자라면 밝은 오렌지색으로 변해요.

남미수리
파나마를 대표하는 새예요. 중앙아메리카에서 가장 크고 힘센 수리예요.

안데스콘도르
남아메리카의 안데스산맥을 따라 살고 있어요. **에콰도르, 칠레, 콜롬비아** 등을 대표하는 새랍니다.

북아메리카 / 미국 / 멕시코 / 적도 / 파나마 / 콜롬비아 / 에콰도르 / 남아메리카 / 칠레

탐험가 인터뷰

같은 지역에 사는 맹금류라고 하더라도 어떨 땐 놀랄 만큼 달라요. 예를 들어, 필리핀독수리는 몸길이 기준으로 전 세계에서 가장 큰 독수리예요. 사람의 손이 닿지 않은 울창한 숲에서 원숭이를 사냥하며 살지요. 하지만 숲이 파괴되면서 그 수가 500마리 이하로 줄어 버렸어요. 그런데 그 근처에 사는 참새만 한 필리핀콩새매는 한번 파괴되었다가 다시 무성해진 숲에서 문제없이 살아요. 옛 딱따구리 굴에 둥지를 짓지요. 두 새 모두 같은 지역에 살던 맹금류인데 크기도, 살아남은 수도 참 다르지요? 여기서 기억해야 할 한 가지! 아무리 사납고 힘센 새라도 우리의 도움과 보호가 필요하다는 거예요.

가장 놀라운 능력을 가진 새는 무엇일까요?

맹금류는 정말 놀라운 동물이에요.
잘 모르겠다고요? 그렇다면 지금부터 생각이 달라질 거예요. 여기에 가장 대단한 맹금류들만 모아 놓았거든요.

강력한 발톱
남미수리는 강력한 발톱으로 나무에 있는 작은 원숭이들의 머리뼈를 부숴요.

최고 몸무게
바로 안데스콘도르예요. 몸무게가 14킬로그램을 넘는 것도 있지요. 이렇게 무거워도 폭이 3미터가 넘는 날개로 5시간 동안 날갯짓을 하지 않고 잘 날아요.

잠깐 상식! 남미수리의 발톱은 길이가 최대 13센티미터나 돼요. 곰의 발톱보다 더 길어요!

최고 스피드 왕
송골매가 먹잇감을 덮칠 때 내려오는 속도는 시속 322킬로미터나 돼요.

뛰어난 시력
독수리는 사람보다 시력이 최대 5배나 더 좋아요. 약 800미터 높이에서 땅에 뛰어다니는 토끼도 발견할 수 있어요.

뛰어난 청력
원숭이올빼미는 청력*이 아주 뛰어나요. 쥐의 발소리만 듣고도 어디 있는지 알아낸답니다.

*청력: 귀로 소리를 듣는 능력.

생생한 자연 관찰
맹금류의 몸을 살펴보아요

모든 새는 한 쌍의 날개가 있고,
온몸이 깃털로 덮여 있어요.

얼굴에는 부리가 있고, 꼬리가 하나, 다리가 한 쌍 있지요. 그런데 맹금류는 보다 특별한 점이 있답니다. 무엇인지 살펴볼까요?

부리
끝이 무척 날카롭고 갈고리처럼 휘었어요. 덕분에 먹잇감의 뼈에서 살코기를 잘 뜯어내요.

눈
사람처럼 눈이 머리 앞쪽에 있어요. 좌우 두 눈이 같이 하나의 사물을 보아 사물과의 거리를 더 정확하게 인식할 수 있어요.

발톱
칼처럼 날카롭고 근육이 붙어 있어요. 먹잇감을 꽉 잡아서 낚아채기 쉬워요.

날개
날개 힘이 세서 비행 실력이 뛰어나요. 미끄러지듯 날기, 파닥거리며 날기, 솟구치기, 공중에서 맴돌기까지 모두 잘하지요. 맹금류가 아닌 새들은 이 중에서 두세 가지 정도만 할 수 있어요.

꼬리
매우 유연해서 먹잇감을 사냥할 때 자유자재로 움직여요. 공중을 맴돌며 땅 위를 살필 때는 꼬리 깃털을 활짝 펼치고, 먹이를 향해 재빨리 내려갈 때에는 접어서 모으지요. 날아다니는 먹잇감을 쫓으며 방향을 바꿀 때는 뒤틀기도 해요.

물수리

흰머리수리가 먹잇감을 낚아챘어요.
호수, 강, 바닷가 등 물 가까이에 살면서
사냥하는 걸 좋아해요.

2 매와 수리, 올빼미의 생활

맹금류의 보금자리와 짝짓기 생활

동물들에게 봄은 짝짓기의 계절이에요.
이때 맹금류도 짝짓기를 하지요. 주로 봄철에 짝짓기를 하는 이유는 이 시기에 먹이가 가장 풍부하기 때문이에요. 둥지는 새가 알을 낳고 생활하는 곳이에요. 맹금류도 다른 새들처럼 둥지를 짓지요. 보통 짝짓기 후 알을 낳기 전에 튼튼하고 정교하게 둥지를 만들어요.

긴다리말똥가리가 배고픈 새끼에게 도마뱀을 물어다 주고 있어요.

암컷보다 작은 수컷
동물은 대부분 암컷보다 수컷의 덩치가 커요. 또 수컷이 자기 영역을 만들고 지키는 경우가 많지요. 하지만 맹금류는 수컷보다 암컷이 덩치가 더 커요. 암컷이 알을 낳고 둥지를 지키는 데 많은 시간을 보내기 때문이에요. 덩치가 작아 좀 더 날쌘 수컷은 뛰어난 사냥 실력으로 먹잇감을 구하지요. 그래도 맹금류는 암컷과 수컷이 각각 정해진 일만 하기보다 그때그때 일을 나누어 맡을 때가 많답니다.

잠깐 상식! 매는 자기 둥지를 직접 짓지 않아요. 대신 다른 새들이 지은 둥지에 터를 잡지요.

무리를 지어 사는 맹금류

새들은 대부분 홀로 지내요. 하지만 검은대머리수리는 따로 둥지를 짓지 않고 풀이 무성한 땅이나 나무 그루터기를 둥지 삼아 여럿이 함께 생활해요. 해가 지면 수백 마리가 모여 나뭇가지에 앉아 쉬지요. 같은 장소에서 생활하고 떼 지어 날다 보면 먹잇감을 찾기가 더 쉽기 때문이에요.

짝짓기 상대는 한 마리

맹금류는 대부분 일정 기간 동안 암컷과 수컷 각각 한 마리씩 짝짓기를 해요. 대신 한 마리의 짝과 보내는 기간은 조금씩 달라요.

붉은꼬리말똥가리들이 에어컨 실외기*를 감싼 철망에 둥지를 틀었어요.

*실외기: 에어컨이 작동할 때 생기는 뜨거운 바람을 바깥으로 빼 주는 장치.

굴 파고 지내기

둥지를 짓는 대신 썩은 나무나 절벽의 빈 공간을 파내서 둥지로 사용하는 맹금류도 있어요. 가시올빼미는 오래된 땅굴이나 다른 동물들이 판 땅굴을 찾아 둥지로 사용하지요. 직접 땅을 파서 둥지를 마련하기도 해요.

낡은 둥지 고치기

새들은 보통 매년 둥지를 새로 짓지만 맹금류는 그렇지 않아요. 겨울에 따뜻한 곳으로 떠났다가 봄이 되어 돌아온 독수리는 새로 자란 풀이나 나뭇가지로 예전 둥지를 고쳐서 써요. 그래서 시간이 지나면 몇몇 둥지들은 엄청나게 커지지요. 지금까지 발견된 가장 큰 독수리 둥지는 1963년에 미국에서 발견된 흰머리수리 둥지예요. 폭이 3미터, 무게는 2000킬로그램이 넘는답니다.

톡톡, 알을 깨고 새끼가 나왔어요

다른 새들처럼 맹금류도 알을 깨고 나와 자라요.

맹금류는 대부분 1년에 한 번 알을 낳아요. 하지만 캘리포니아콘도르처럼 2년에 한 번 알을 낳는 종도 몇몇 있지요. 알을 낳는 주기*가 비교적 긴 이유는 새끼를 기르는 어려움에서 한숨 돌리기 위해서예요.

알을 깨고 나오는 건 보기보다 쉽지 않아요. 문도 없고 비밀 탈출구도 없기 때문이에요. 대신 부리 위에 난 날카로운 돌기인 '난치'를 활용해 알에 구멍을 뚫고 나오지요. 난치는 알에서 나온 뒤 며칠 안에 빠져요.

난치

캘리포니아콘도르는 2~5월에 동굴이나 큰 나무 밑에다 알을 낳아요.

맹금류는 며칠에 걸쳐서 알을 낳아요. 덩치가 작은 맹금류는 1~2일에 하나씩 알을 낳고, 덩치가 큰 맹금류는 3~5일마다 하나씩 낳지요.

잠깐 상식! 캘리포니아콘도르 알의 길이는 10센티미터가 넘고 무게는 230그램이 넘어요.

*주기: 같은 현상이나 특징이 한 번 나타나고 다음번에 다시 나타나기까지의 기간.

맛 좋은 먹이

맹금류의 새끼들이 주로 먹는 먹이는 다음과 같아요.
- 들쥐나 비버 같은 설치류
- 도마뱀이나 거북이 같은 파충류
- 토끼

검독수리의 성장 과정

맹금류는 알에서 나와 다 자랄 때까지 걸리는 기간이 매우 비슷해요. 예컨대 원숭이올빼미는 알을 깨고 나오는 데 보통 30일이 걸리고, 매는 29~32일 정도 걸리지요. 검독수리는 어떨까요?

0~45일
알 속에서 자라는 시기예요. 부모 검독수리가 번갈아 가며 따뜻하게 품어 주어요.

45~80일
알을 깨고 나와 부모에게 먹이를 얻는 때예요. 처음엔 깃털이 거의 없고, 앞도 보이지 않지만 며칠만 지나면 앞이 보이고, 하얗고 보송보송한 털이 나요.

80~120일
어느 정도 자라 둥지보다 몸이 커지는 때예요. 부모를 보면서 나는 법이나 사냥하는 법을 배워요.

원숭이올빼미는 회색빛을 띠는 솜털이 난 채 알을 깨고 나와요. 9주면 깃털이 다 나고 날 수 있지만, 13주까지는 부모가 주는 먹이를 먹어요.

120일~5년
혼자서 날고 먹이를 찾을 수 있는 시기예요. 자기만의 영역을 찾아 날아가기도 하지요. 이 시기의 검독수리는 꼬리와 날개 일부가 하얀색이지만, 더 자라면서 하얀색이 사라져요.

5~30년
태어난 지 5년이 지나면 다 자라요. 번식 활동도 시작하지요. 보통 30년 동안 살아요.

먹이를 찾는 맹금류의 타고난 감각

맹금류에게도 먹이를 찾는 일은 아주 어려워요.

먹잇감인 동물들이 맹금류의 눈을 피해 주변 환경과 비슷하게 위장하거나, 몸에 독이 있는 척하기 때문이에요. 하지만 맹금류도 먹잇감을 찾아내기 위한 비밀 무기를 갖고 있어요. 바로 남다른 감각이에요.

먹이를 정확하게 포착하는 시력

맹금류는 눈이 크고 머리 앞쪽에 나 있어요. 또 사선으로 향해 있어 사람보다 넓게 볼 수 있고, 사물과의 거리를 잘 계산하지요. 헤엄치는 물고기나 땅에 기어 다니는 뱀을 낚아채려면 거리를 계산하는 감각이 중요해요. 조금이라도 실수한다면 물에 빠지거나 땅에 곤두박질칠 수도 있으니까요.

잠깐 상식! 올빼미는 양쪽 눈에 눈꺼풀이 3개씩 있어요. 먹이를 잡을 때 눈이 다치지 않게 보호해 줘요.

죽은 동물을 찾는 예민한 후각

맹금류는 대부분 냄새를 잘 맡지 못해요. 하지만 예외가 있어요. 바로 터키콘도르예요. 터키콘도르는 하늘을 날면서 부리 위쪽에 난 콧구멍으로 죽은 동물을 찾아요. 높은 하늘에서도 땅에 있는 먹잇감의 냄새를 맡을 수 있을 만큼 후각이 예민하기 때문이에요.

터키콘도르

독이 든 먹이를 알아내는 미각

맹금류는 단맛, 짠맛, 신맛, 쓴맛을 느낄 수 있어요. 사람이 느끼는 맛과 비슷하지요. 미각이 예민해서 독이 든 해로운 먹이를 구분할 수 있어요.

줄무늬새매

먹이의 위치를 감지하는 뛰어난 청각

낮에 활동하는 맹금류는 뛰어난 시력으로 먹잇감을 사냥하지만, 캄캄한 밤에 돌아다니는 올빼미는 주로 청각을 활용해요. 올빼미는 왼쪽 귀와 오른쪽 귀의 높이가 달라요. 컴컴한 어둠 속에서 높이가 다른 두 귀로 먹잇감이 얼마나 멀리 떨어져 있는지 정확히 알아내지요. 한편 원숭이올빼미는 확성기*처럼 생긴 큰 귓구멍으로 먹잇감이 내는 아주 작은 소리를 감지해서 사냥해요.

*확성기: 소리를 크게 하여 멀리까지 들리게 하는 기구.

뛰어난 사냥 기술의 비밀

**사냥에 유리한 몸, 타고난 감각,
먹잇감을 속이는 기술까지!**

맹금류는 사냥을 잘할 수밖에 없군요. 그런데 맹금류를 치명적인 사냥꾼으로 만드는 특별한 기술들이 더 있대요. 한번 알아볼까요?

소리 없는 날갯짓

대부분의 새들은 하늘을 날 때 날개의 깃털 표면으로 바람이 지나가요. 그래서 바람이 빠른 속도로 지나가면 휙휙 소리가 나서 먹잇감에게 들키고 말지요. 하지만 올빼미는 깃털의 가장자리가 빗살처럼 생겨서 날개에 닿은 공기가 자연스럽게 빠져나가요. 덕분에 바람을 가르는 소리가 덜 나고 조용히 날 수 있어요.

올빼미는 고개가 완전히 뒤로 돌아가요. 그래서 자기 머리 뒤쪽까지 볼 수 있어요.

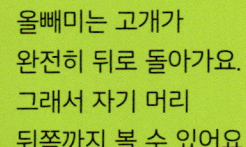

올빼미는 **먹잇감을 통째로 삼켜요**. 그런 다음 소화하지 못한 뼈, 이빨 등을 다시 **토해 내요**. 그 토한 덩어리를 '**펠릿**'이라고 해요.

빙빙 도는 머리

주변이 조용하면 동물들은 자기가 안전하다고 여기며 방심해요. 올빼미는 이 점을 이용하여 먹잇감을 기다리는 동안 숨죽이며 숨어 있지요. 그런데 올빼미는 사람처럼 눈알을 움직일 수 없어요. 대신 270도*까지 돌아가는 유연한 목을 이용해 가만히 앉아 주변을 살피며 먹잇감을 사냥한답니다.

*270도: 한 바퀴의 4분의 3.

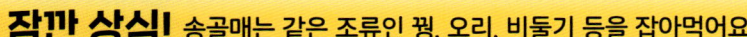

잠깐 상식! 송골매는 같은 조류인 꿩, 오리, 비둘기 등을 잡아먹어요.

물속으로 날쌔게 뛰어들기

물수리는 물고기를 잡기 위해 아주 적극적으로 사냥해요. 먹잇감을 발견하면 날개를 활짝 펴고 날카로운 발톱을 내민 상태로 바로 물속으로 뛰어들지요. 가끔은 아예 물에 몸을 담그기도 해요. 먹잇감을 낚아채면 날개를 마구 퍼덕거리며 다시 하늘로 날아올라요.

떼 지어 한꺼번에 돌격!

몇몇 맹금류는 무리를 지어 사냥해요. 대표적으로 해리스매가 있답니다. 해리스매는 논과 밭이 펼쳐진 시골에서 여럿이 떼 지어 날며 토끼를 찾아다녀요. 토끼를 발견하면 여럿이 에워싼 뒤 위에서 덮쳐 죽이지요. 덤불이나 키가 작은 나무들에 숨어 있는 토끼를 끌어내기 위해 몇 마리가 푸드덕하고 뛰어들기도 해요. 나머지는 밖에서 기다렸다가 토끼가 도망칠 때 확 덮쳐요.

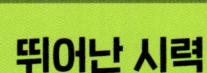
해리스매

뛰어난 시력

붉은솔개

맹금류의 뛰어난 시력은 먹잇감을 발견할 때뿐만 아니라 방심한 먹잇감에게 몰래 다가가는 데도 쓸모가 있어요. 맹금류는 시력이 좋아 땅 위 수백 미터 높이에서도 먹잇감을 찾을 수 있지만 먹잇감들은 도통 맹금류를 볼 수 없어요. 자기 머리 위에서 맹금류가 맴돌아도 위험을 알아챌 수 없는 거예요. 먹잇감이 맹금류를 발견했을 때에는 이미 날카로운 발톱에 공격당하고 있을 거예요.

탐험가 인터뷰

나는 케냐에서 운 좋게 아프리카바다수리가 사냥하는 모습을 직접 본 적이 있어요. 나뭇가지에 앉아 있다가 덮치듯 물고기를 낚아채는 정확성과 힘이 정말 대단했지요. 고향인 미국 캘리포니아에서는 붉은꼬리말똥가리가 들쥐나 땅다람쥐 같은 작은 동물을 사냥하는 모습도 관찰했어요. 여러분도 그 모습이 궁금하지 않나요?

찰칵! 맹금류 사진전
아름답고 강력한 새

맹금류는 종류가 무척 다양하고 멋져요.

위풍당당한 독수리부터 세차게 먹잇감을 덮치는 매, 우아한 황조롱이까지! 가장 멋진 새를 하나만 꼽기 힘들 정도지요. 아래 사진을 보세요! 정말 대단하지 않나요?

수염수리는 페르시아 신화에서 행운의 상징이에요.

이집트대머리수리는 죽은 동물이나 다른 새들의 알을 먹어요. 가끔 작은 돌로 알껍데기를 깨기도 해요.

머리 색이 화려한 왕대머리수리는 가장 아름다운 독수리로 꼽혀요. 부리 옆에 자란 주황색 주름살을 어떻게 쓰는지 아직 밝혀지지 않았어요.

참수리가 자기 영역에 들어온 다른 참수리를 마구 공격하고 있어요.

뱀잡이수리는 독수리와 황새를 섞은 것처럼 생겼어요. 긴 다리와 발톱으로 뱀을 짓밟아 죽이지요.

필리핀독수리예요. 원숭이를 잡아먹어서 원숭이잡이수리라고도 불려요.

3 맹금류가 하늘을 지배하는 법

올빼미 한 무리가 먹이를 찾아 들판에 모여 있어요.

먹잇감을 사냥하는 여러 가지 방법

맹금류의 몸은 각각의 사냥법에 맞게 발달했어요.
먹잇감을 찾는 감각도 다르지요. 지금부터 어떤 차이점이 있는지 알아보아요.

서로 다른 방법으로 먹잇감 찾기

수리과인 구세계 독수리*와 콘도르과로 불리는 신세계 독수리*는 모두 죽은 동물을 먹어요. 하지만 신세계 독수리가 냄새로 먹이를 찾는 것과 달리, 구세계 독수리는 눈으로만 먹이를 찾아요.

*구세계 독수리: 유럽, 아시아, 아프리카 등 구대륙에서 발견되는 독수리.

*신세계 독수리: 북아메리카와 남아메리카 같은 신대륙에서 발견되는 독수리.

부리로 호로록

솔개 중 몇몇은 부리가 얇은 고리 모양이에요. 우렁이나 달팽이를 껍데기에서 뽑아 먹기 좋지요.

우렁이솔개

개구리매

낮게 날기

개구리매는 낮게 날면서 오르락내리락하다가 먹잇감을 발견하면 빠르게 공격해요.

그리폰독수리

쓰임에 알맞은 발톱

맹금류는 강력한 발톱을 가졌어요. 하지만 주로 죽은 동물을 먹는 맹금류는 날고기를 먹는 맹금류에 비해 발톱이 약한 편이에요. 발톱으로 살아 있는 먹잇감을 죽일 필요가 없기 때문이에요.

잠깐 상식! 맹금류는 대부분 높은 하늘에서 날갯짓을 거의 하지 않고 바람을 타며 날아요.

엷은울음참매

덮치기 공격!
매는 나뭇가지에 앉아 있다가 위에서 먹잇감을 덮쳐 낚아채요. 날개가 짧고 꼬리가 길어서 나무 사이를 헤치고 잽싸게 날아다닐 수 있어요.

북아메리카귀신소쩍새

소리를 모으는 얼굴
눈 주변이 움푹 들어간 올빼미의 얼굴 모양은 소리를 모아 귀로 전달해 주어요. 그래서 아주 작은 소리도 놓치지 않고 들을 수 있지요. 주로 밤에 사냥하는 올빼미에게 아주 중요한 기술이에요.

맹금류 구별 방법

아무리 경험 많은 새 연구가라고 해도 하늘을 날아다니는 새가 맹금류인지 구별하기는 쉽지 않아요. 하지만 가끔은 윤곽만으로도 어떤 종류의 새인지 알 수 있어요. 다음 윤곽의 몸통, 날개, 꼬리 모양을 비교하면서 맹금류 중 어떤 새인지 알아맞혀 보아요.

참매, 새매, 아메리카황조롱이
몸통이 날씬해요. 날개는 짧고 둥글지요. 꼬리가 길어요.

매
날개 폭이 끝으로 갈수록 점점 좁아져요. 꼬리도 폭이 좁고 길어요.

독수리
날개가 크고, 일정하게 폭이 넓은 경우가 많아요. 꼬리도 폭이 넓어요.

말똥가리
날개 폭이 넓고 몸이 건장해요. 많은 맹금류가 이렇게 생겼지요.

사람과 함께 사냥하기

수천 년 전부터 사람들은 맹금류를 훈련시켜 사냥을 했어요.
맹금류는 창이나 화살보다 더 효율적으로 작은 동물들을 죽일 수 있었기 때문에 사람들에게 아주 중요한 사냥 친구였답니다.

한 사냥꾼이 몽골의 알타이 카자흐 독수리 축제에서 자기 독수리를 팔에 앉혔어요. 매년 독수리 사냥꾼들은 이곳에 모여 여우와 산토끼를 얼마나 더 많이 사냥하는지 겨룬답니다.

몽골의 독수리 사냥꾼

지금으로부터 6000~8000년 전, 몽골의 탁 트인 들판에서 맹금류를 활용한 사냥이 시작되었어요. 몽골 카자흐족 사람들은 검독수리를 활용해 여우나 산토끼를 사냥했고, 이 전통은 오늘날까지 이어지고 있지요.
사냥꾼들은 새와 한 팀이 되어 사냥 훈련을 해요. 팔에 독수리를 앉힌 채 자유롭게 말을 탈 수 있을 정도로 말 타는 솜씨도 뛰어나요.

잠깐 상식! 우리나라에서는 사냥에 필요한 매를 돌보고 부리는 사람을 수할치, 봉받이, 매방소 등으로 불렀어요.

'손안의 새 한 마리는 덤불 속의 두 마리와 같다.'라는 중세 시대 속담이 있어요. 너무 욕심부리지 말고, 지금 갖고 있는 것에 집중하라는 뜻이에요.

귀족들이 사랑한 새

중세 유럽 귀족들은 자기 신분을 과시하기 위해 또는 취미로 맹금류를 활용한 사냥을 즐겼어요. 신분에 따라 새의 종류가 결정되었지요. 높은 신분일수록 더 크고 날쌘 새로 사냥했어요. 예를 들어, 왕은 매 가운데 덩치가 가장 큰 흰매로 사냥을 했고, 기사들은 보다 작은 세이커매로 사냥했어요.

오늘날의 매사냥

오늘날 사람들은 매로 농작물을 먹어 치우는 새들을 쫓기도 해요. 하지만 몇몇 나라에서는 개인이 맹금류를 소유하는 게 불법이에요. 특정 조건을 갖춰야 맹금류를 기를 수 있는 나라도 있지요. 야생 맹금류의 수가 빠르게 줄어들어서 보호 대상인 경우가 많기 때문이에요. 그럼에도 여전히 세계 곳곳에서 매를 이용한 사냥이 이루어지고 있어요.

사냥을 위한 준비

맹금류와 사냥하려면 특별한 준비물이 필요해요. 여기서는 그중에서도 중요한 장비들을 소개할게요.

발찌
새의 발목에 끼우는 고리예요. 날지 못하도록 묶어 둘 수 있어요.

두건
가죽으로 만들어 새의 머리에 씌워요. 사냥 전 마음의 안정을 찾고 사냥에 집중할 수 있게 해 주어요.

끈
새가 멀리 날아가지 못하도록 묶어 두어요.

두터운 가죽 장갑
날카로운 맹금류의 발톱으로부터 사냥꾼의 손을 보호해 줘요. 사냥꾼에게 가장 중요한 준비물이에요.

같은 듯 다른 특별한 새

맹금류는 다른 새들과 공통점이 많아요.

깃털이 있고 알을 낳는다는 점들이지요. 발이 한 쌍, 부리가 하나인 것도요. 또 다른 새들처럼 먹이를 찾고 짝짓기를 하는 자기만의 영역이 있어요. 계절에 따라 옮겨 사는 것도 같답니다. 그런데 맹금류만이 갖는 독특한 점들이 있어요. 그게 뭘까요?

같은 종, 다른 깃털 색

참새, 까마귀 같은 새는 암컷과 수컷의 깃털 색이 달라요. 대개 수컷이 암컷에 비해 밝은 색을 띠지요. 하지만 맹금류는 암컷과 수컷의 깃털 색깔이 비슷하답니다. 그렇다고 같은 종의 새가 모두 비슷한 색을 띠는 것은 아니에요. 아래의 사진은 모두 붉은꼬리말똥가리예요. 같은 종류로 보이나요? 어느 것은 무늬가 보이고, 어느 것은 밝고, 또 어느 것은 어두운 깃털을 갖고 있군요. 사진을 보며 배와 날개 밑, 꼬리 깃털의 색깔이 각각 어떻게 다른지 살펴볼까요?

얼룩덜룩 점무늬

배에 난 깃털의 색이 서로 달라 얼룩덜룩해 보여요. 꼬리에는 줄무늬가 있지요.

어두운 갈색 깃털

배와 날개가 어두운 갈색 깃털로 덮여 있어요. 꼬리 깃털은 하얘요.

밝은 갈색 깃털

날개 밑과 배에 갈색 무늬가 있지만 대부분 하얀 깃털이에요.

시끄러운 울음소리

사람들은 새들이 모두 아름다운 소리를 낼 거라고 기대해요. 하지만 맹금류의 울음소리는 기대와 달리 시끄러워요. 올빼미는 우우, 매는 끼익끼익, 쇠황조롱이는 키키키키, 아메리카황조롱이는 끼엑끼엑 소리를 내지요. 다른 맹금류들도 무언가를 긁는 듯한 날카로운 소리를 내요. 맹금류의 울음소리는 다른 맹금류를 자기 영역에서 쫓아내거나 짝짓기 상대를 유혹할 때, 또 새끼에게 자기 위치를 알릴 때 쓰여요.

잠깐 상식! 붉은매는 먹이를 빼앗는 코요테를 겁주어 둥지에서 쫓아내요.

*명금류: 참새처럼 고운 소리로 노래하는 새.

흰머리수리들이 알을 낳으러 온 연어를 잡아먹으려고 모여 있어요.

먹이가 많은 따뜻한 곳으로

동물들은 먹잇감을 얻기 위해 계절에 따라 다른 장소로 옮겨 살아요. 이런 행동을 '이동'이라고 해요. 대체로 봄과 가을에 이동하지요. 특히 새는 수천 마리가 떼를 지어 움직이기 때문에 가장 눈에 띄어요. 맹금류 역시 살던 곳에 먹이가 부족해지면 먹이가 보다 풍부한 따뜻한 곳으로 이동해요. 맹금류가 이동하는 거리는 종마다 달라요. 예를 들어 물수리는 캐나다에서 아르헨티나까지 수천 킬로미터를 이동하지만, 흰머리수리는 캐나다에서 미국까지 수백 킬로미터 정도만 이동해요.

두 마리의 항라머리검독수리가 영역 다툼을 하고 있어요.

드넓은 영역

새들은 짝짓기를 하고 먹이를 찾는 자기만의 영역이 있어요. 그중 맹금류는 엄청나게 넓은 영역에서 활동하지요. 맹금류의 먹잇감들은 멀리 퍼져 있기 때문이에요. 매는 자기 영역을 몇 시간 동안 샅샅이 뒤져야 겨우 토끼나 도마뱀 한 마리를 발견해요. 그래서 맹금류는 다른 새들로부터 자기 영역을 지키기 위해 부리나 발톱 같은 무시무시한 무기로 싸운답니다.

황조롱이

사라질 위험에 처했어요

맹금류 가운데 몇몇 종은 멸종 위험에 빠졌어요.

이때 새 연구가들은 새의 종을 지키고 보호하는 데 중요한 역할을 해요. 먹이부터 이동 유형까지 맹금류의 생활과 행동 양식을 자세히 연구해서 어떤 점이 맹금류의 안전을 위태롭게 하는지 알아내지요. 맹금류처럼 먹이 사슬* 꼭대기에 있는 동물들은 환경이 건강한지를 판단하는 데 중요한 역할을 해요. 예를 들어, 솔개는 하루에 곤충 수백 마리를 먹어요. 그래서 어떤 지역에 사는 솔개의 수를 알면, 메뚜기와 나방 등 곤충이 몇 마리인지 대략 알 수 있지요. 곤충들은 식물을 먹고 사니 곤충의 수를 알면 식물이 얼마나 분포하는지도 알 수 있어요. 그러니 맹금류의 수가 잘 유지된다는 건 그곳의 생태계*가 건강하다는 신호예요.

*먹이 사슬: 생태계에서 먹이를 중심으로 생물들 간에 먹고 먹히는 관계가 사슬처럼 연결되어 있는 것.
*생태계: 어떤 장소에서 서로 영향을 주고받으며 살아가는 생물과 환경 전체.

새 연구가들은 새의 몸에 띠나 목걸이, 아주 작고 가벼운 무선 전파 송신기*를 붙여 새의 활동 정보들을 모아요.

탐험가 인터뷰

미국 캘리포니아주 남부 해안에 있는 여덟 개의 섬, 채널 제도는 지난 수백 년 동안 흰머리수리의 터전이었어요. 하지만 사람이 들어와 농약을 뿌리고, 마구잡이로 사냥하고, 다른 나라에 사는 새를 끌어들이는 등 생태계를 마구 파괴했어요! 결국 1900년대 중반, 흰머리수리는 섬에서 사라지고 말았지요. 그러다 1980년대에 한 연구팀이 섬에 흰머리수리가 다시 살 수 있도록 프로젝트를 시작했어요. 흰머리수리는 그로부터 수십 년이 지나 다시 섬에 둥지를 틀고 살게 되었답니다. 이런 이야기를 들으면 나도 위기에 빠진 새들을 구해 내는 성공담을 일구고 싶은 욕심이 마구 생겨요.

펠릿을 연구하여 환경 지키기

맹금류가 먹잇감을 삼켰다가 소화하지 못한 뼈와 깃털 등을 토해 낸 덩어리를 펠릿이라고 해요. 펠릿을 분석하는 일은 먹이 사슬을 연구하는 데 유용해요. 새 연구가들은 올빼미가 토한 펠릿을 보고 무엇을 먹었는지 알아내고, 어떤 동물이 그 지역에 많이 사는지 분석해요. 또 펠릿을 모아 그 수로 그 지역에 올빼미가 얼마나 많이 사는지도 예측해요.

올빼미의 펠릿

잠깐 상식! 우리나라에서 많은 독수리들이 농약 중독으로 목숨을 잃어요.

*무선 전파 송신기: 초 단위로 전파를 보내 새가 어디에 있는지, 얼마나 빨리 움직이는지 등을 알려 주는 장치.

맹금류 구조하기

아무리 강한 새라도 사람들이 만들어 놓은 것에 희생되어요. 독수리들은 먹이를 먹는 동안 자동차에 치여요. 매들은 전기가 흐르는 송전선으로 날아들고요. 농약에 오염된 죽은 동물을 먹고 죽기도 해요. 다행히 다치거나 병든 새들을 고쳐 주는 병원과 재활 센터가 있답니다. 재활 센터에는 덩치 큰 새들을 잘 고치는 수의사들이 있지요. 수의사는 다친 새를 치료해 주고 다시 야생으로 돌려보내요. 우리나라는 서울시야생동물센터, 충남야생동물구조센터 등에서 다친 맹금류를 구조하고, 사람들이 야생 동물 보호에 함께 참여할 수 있도록 교육하고 있어요.

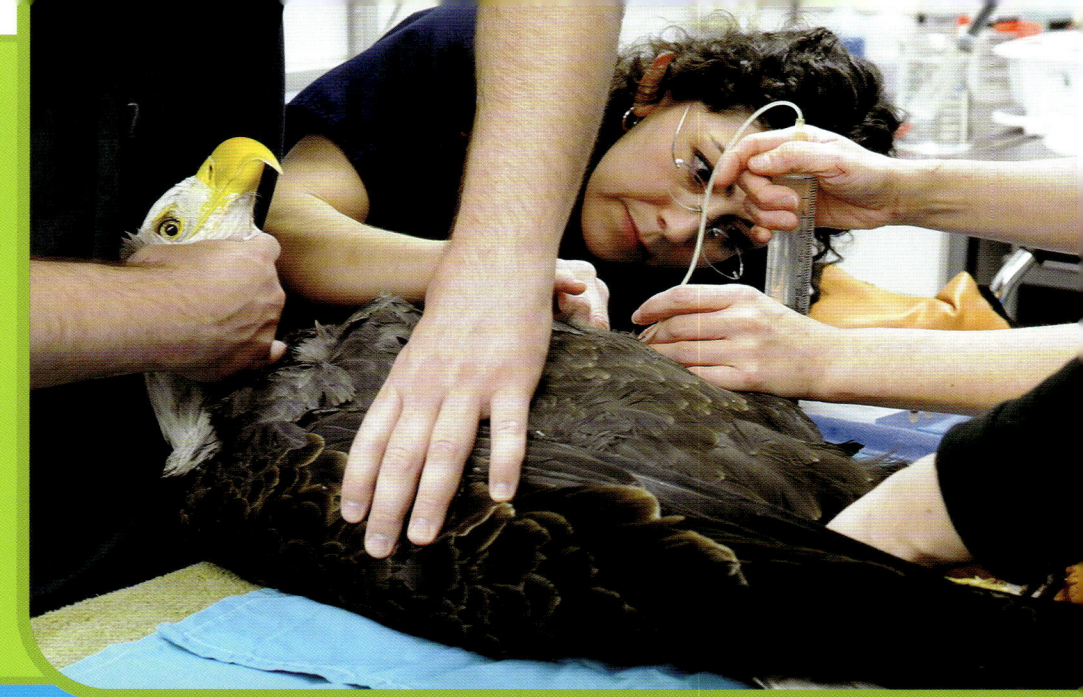

번식* 돕기

새들이 안전한 환경에서 짝짓기를 하고 새끼를 낳아 키울 수 있게 도와주는 번식 프로그램이 있어요. 주로 멸종 위기에 놓인 동물의 수를 되돌리기 위해 사람이 야생에서 살아가는 새들을 일정 기간 동안 보호하다가 번식시킨 새들을 다시 놓아주어요.

*번식: 동물이 짝짓기를 통해 그 수를 늘리는 일.

멸종 위기에서 살아남은 새

캘리포니아콘도르는 미국 캘리포니아주와 애리조나주의 외진 지역에서만 발견되는 소중한 새였어요. 하지만 사람들이 그 외진 곳까지 가서 서식지를 파괴하거나 알을 훔치는 등 끔찍한 짓을 저지르는 바람에 수가 크게 줄고 말았지요. 보다 못한 새 연구가들은 캘리포니아콘도르의 알을 모으고, 야생에 남아 있던 22마리의 새들을 데려와 길렀어요. 그 결과, 지금은 야생에서 400마리 이상이 살고 있어요.

캘리포니아콘도르

새 연구가들이 멸종 위기에 처한 새를 보호할 때 새끼가 사람을 자기 어미라고 착각하지 않도록 새 인형을 활용해요.

맹금류 vs 사람 누가 더 뛰어날까요?

앞서 맹금류의 놀라운 능력들을 살펴보았어요. 아직 잘 모르겠다면 지금부터 맹금류와 사람의 능력을 비교해서 설명해 줄게요.

얼마나 잘 볼까요?

사람은 보통 6미터 정도 되는 거리에서 엄지손톱만 한 글자를 선명하게 읽을 수 있어요. 하지만 독수리는 그보다 훨씬 먼 30미터 밖에서도 선명하게 볼 수 있어요. 사람보다 시력이 5배는 더 좋은 셈이에요.

얼마나 더 잘 먹을까요?

몸집이 작은 새들은 큰 새보다 몸을 활발히 움직여서 에너지를 많이 써요. 그래서 먹이를 많이 먹어야 하지요. 작은 솔개 한 마리가 하루에 먹는 곤충의 양은 자기 몸무게의 최대 5분의 1이나 돼요. 몸무게가 45킬로그램인 사람이 0.22킬로그램짜리 햄버거를 40개 먹는 것과 같아요.

날개가 얼마나 길까요?

안데스콘도르는 키가 120센티미터 정도예요. 또 날개를 쫙 펼치면 폭이 3미터가 넘는답니다. 초등학교 5학년 어린이가 두 명이 함께 팔을 활짝 벌려 합친 만큼 길어요.

얼마나 빠르게 떨어질까요?

전 세계에서 제일 빠른 롤러코스터인 아부다비의 포뮬러 로사는 53미터 높이에서 최대 시속 241킬로미터로 곤두박질쳐요. 그런데 이 롤러코스터도 매보다 느리답니다. 매가 먹잇감을 덮칠 때 위에서 아래로 내려오는 속도는 시속 300킬로미터에 이르러요.

얼마나 더 빠를까요?

세계에서 가장 빠른 단거리 달리기 선수의 최고 속도는 시속 44킬로미터예요. 그런데 검독수리는 시속 240킬로미터로 하늘을 날아요. 가장 빠른 선수보다 5배는 더 빠른 거예요.

재미있는 맹금류 정보

흰올빼미가 생쥐를 잡아먹으려고 새하얀 눈밭에 숨어서 기다리고 있어요.

하늘을 나는 여러 가지 기술

맹금류는 비행 기술이 무척 뛰어나요.
몇 시간 동안 공중에서 떠 있다가 땅 위로 미끄러지듯 날 수 있고, 날개를 힘차게 퍼덕여 하늘 높이 치솟을 수도 있지요. 날개를 몸통에 붙여 최대한 조용히 날아 먹잇감을 덮칠 수도 있어요.

붉은꼬리말똥가리

잠깐 상식! 우리나라에서 볼 수 있는 맹금류 중 참매, 붉은배새매, 새매, 개구리매, 황조롱이는 천연기념물로 지정되어 보호되고 있어요.

왕대머리수리

미국수리부엉이

맹금류의 비행 기술

다음 맹금류들에게 어떤 특별한 비행 기술이 있는지 아래 번호와 짝지어 보세요.

A  미국수리부엉이

B  매

C  붉은꼬리말똥가리

D  흰꼬리솔개

E  왕대머리수리

1. 총알처럼 빠른 다이빙 기술
땅에 있는 먹잇감을 발견하면 날개를 몸에 바짝 붙이고 꼬리 깃털을 꼿꼿이 세워 총알처럼 빠르게 내려와요.

2. 날개를 낙하산처럼 펼쳐 하늘을 나는 기술
날개를 퍼덕이지 않고도 몇 시간 동안 날 수 있어요. 날개가 튼튼하고 폭이 넓어서 공기의 흐름에 몸을 맡긴 채 공중에 떠 있을 수 있지요.

3. 공중을 맴도는 기술
바람을 마주한 채 공중에서 머무르며 풀밭 위의 먹잇감을 찾아내요.

4. 긴 날개로 빠르게 날아오르는 기술
긴 날개로 날갯짓 몇 번만으로도 하늘로 날아올라요.

5. 우아하게 미끄러지는 기술
먹잇감을 발견하면 날개를 퍼덕이지도 않고 앉아 있던 나뭇가지에서 미끄러지듯 빠르게 내려가요.

정답: A-2, B-4, C-5, D-1, E-3

알쏭달쏭 맹금류 소문의 사실과 거짓

세상에는 맹금류에 대한 잘못된 소문들이 아주 많아요.

다음 소문이 사실인지 거짓인지 낱낱이 따져 보아요.

A 다른 사람을 속인다는 뜻인 '눈가림하다'는 매사냥에서 처음 생긴 말이다.

B 맹금류는 어린아이를 채 갈 수 있다.

C 몇몇 맹금류는 먹은 것을 토하거나 오줌을 누어서 자기 몸을 지킨다.

D 올빼미는 밤에만 사냥한다.

A. 사실 매사냥은 맹금류를 훈련시켜 토끼 같은 작은 동물들을 잡는 사냥 방식이에요. 매는 시력이 아주 좋아서 주변 환경에 예민해요. 그래서 사냥꾼들은 사냥에 나가기 전에 매를 안정시키기 위해 매의 머리와 눈에 가죽으로 만든 두건을 씌웠지요. 누군가를 속인다는 뜻인 '눈가림하다'라는 말은 여기서 유래한 것이랍니다.

잠깐 상식! 쿠퍼매는 닭을 잡아먹어서 '닭매'라고도 불려요.

B. 거짓 맹금류가 어린아이를 채 갔다는 실제 기록은 없어요. 아무리 덩치 큰 맹금류라 해도 몸무게는 14킬로그램 정도예요. 이제 막 두 살 된 아이의 몸무게가 보통 9킬로그램 정도이니 힘센 남미수리라 해도 어린아이는 무거워서 채 갈 수 없어요.

C. 사실 흰머리검은독수리는 놀라거나 겁을 먹으면 먹은 것을 토해요. 그러면 몸이 가벼워져서 재빨리 도망칠 수 있지요. 몇몇 맹금류가 자기 몸에 오줌을 싸는 것도 사실이에요. 오줌이 땀처럼 몸을 식히고, 병을 일으키는 세균과 미생물을 죽이기 때문이에요.

D. 거짓 올빼미는 대부분 밤에 사냥을 해요. 하지만 몇몇은 해가 뜨기 시작할 때나 해질 무렵에도 사냥을 한답니다. 굴올빼미와 흰올빼미, 쇠부엉이 등은 낮에 사냥을 해요.

나는 어떤 새랑 닮았을까요?

맹금류는 종마다 서식지나 먹잇감, 둥지를 트는 장소가 각각 달라요.
여러분은 어떤 맹금류와 비슷할지 궁금하지 않나요? 아래 퀴즈를 풀며 생각해 보아요!

1 즐겨 먹는 음식은 뭔가요?
A. 생선구이
B. 길거리 음식이나 간식
C. 밤에 먹는 음식
D. 위의 음식 전부

2 내가 살고 싶은 곳은 어디인가요?
A. 바닷가나 강, 호수 주변
B. 탁 트인 초원
C. 시골 농장
D. 높은 건물

3 나는 어떤 사람과 살고 싶나요?
A. 가장 가까운 친구 한 명
B. 부모님
C. 최대한 많은 사람들
D. 여러 명의 친구들

4 특별한 날 입고 싶은 옷은 무엇인가요?
A. 하얀 모자와 스카프
B. 빨간 모자와 쫄바지
C. 갈색 재킷
D. 머리부터 발끝까지 검은색 옷

5 친구들이 나를 뭐라고 부르나요?
A. 진지한 사람
B. 재밌는 사람
C. 집에 있기를 좋아하는 사람
D. 친구들과 어울리기 좋아하는 사람

나와 꼭 닮은 맹금류는?
A, B, C, D 중에서 가장 많이 답한 것을 찾아 나와 닮은 맹금류를 확인해 보세요.

A 흰머리수리와 닮았어요. 물을 좋아하지요.

B 달마수리와 비슷해요. 먹이를 찾기 위해 하루 8~9시간 정도를 날지요. 나는 모습이 줄을 타며 균형을 잡는 것처럼 보여서 '줄타기 곡예사'라는 별명이 있어요.

C 원숭이올빼미랑 비슷해요. 밤에 주로 활동해요. 쥐를 잡아먹어서 농장 근처에서 볼 수 있어요.

D 무리 지어 사는 터키콘도르랑 닮았어요. 후각이 예민하고 무엇이든 잘 먹어요.

흰머리수리

터키콘도르

달마수리

원숭이올빼미

잠깐 상식! 독수리는 땅에서 3000미터 높이까지 날아오르기도 해요.

인류 문화 속에서 만나 보는 맹금류

맹금류는 지난 수천 년 동안 사람들이 우러러 보았어요.
그래서 지폐나 영화, 신화 등에서 강력한 힘을 가진 용감한 존재로 등장했지요.

지혜의 여신을 상징하는 새

고대 그리스 시대부터 사람들은 올빼미를 영리한 동물로 여겼어요. 지혜의 여신 아테나를 상징하는 동물도 올빼미지요. 하지만 올빼미가 다른 맹금류에 비해 똑똑하다는 증거는 없어요. 맹금류 중에서는 매가 가장 똑똑해요.

슈퍼 영웅 캐릭터 호크맨은 1940년에 처음 등장하여 2006년에도 우표의 주인공이 될 정도로 꾸준히 인기 있어요.

슈퍼 영웅 캐릭터의 주인공

뛰어난 시력, 날카로운 부리, 단단한 발톱을 가진 매는 슈퍼 영웅 캐릭터를 만들 때 많이 활용되었어요. 미국 유명 만화 시리즈 「버즈 오브 프레이」(우리말로 '맹금류')에는 매를 닮은 영웅들이 도시를 지키기 위해 악당과 맞서 싸운답니다. 또 호크맨이라는 영웅은 매를 본뜬 슈트를 입고 하늘을 날며 싸워요. '매의 눈'이라는 뜻의 호크아이는 적과 싸우면서도 빽빽하게 들어선 빌딩 숲에서 벌어지는 모든 전투를 지켜보는 놀라운 능력을 지녔지요.

잠깐 상식! 몇몇 나라에서는 올빼미가 울면 날씨가 나빠질 거라고 생각해요.

독수리를 이용한 상징들

달 착륙선의 이름

1969년, 미국 항공 우주국의 우주 비행사였던 닐 암스트롱은 동료 버즈 올드린과 달에 착륙하자 "독수리 착륙하다."라는 말을 했어요. 그들이 타고 있던 달 착륙선의 이름이 독수리호였기 때문이에요.

신화에 등장하는 맹금류

고대 사람들은 하늘을 지배하는 맹금류가 곧 하늘의 신이라 여겼어요. 이집트 신화에서 나오는 태양과 하늘의 신 호루스는 머리가 매를 닮았답니다.

군대의 상징

멕시코 고원에 살았던 아스텍족은 가장 용감한 군인을 독수리 전사라고 불렀어요. 프랑스 황제였던 나폴레옹과 프랑스 군대의 상징도 독수리였지요. 독수리의 위풍당당한 자세와 먹잇감을 향해 달려드는 공격력이 용맹한 군인과 닮았기 때문이에요.

신성한 독수리 깃털

북아메리카 원주민*들에게 독수리는 신성한 동물이에요. 그래서 독수리의 깃털도 무척 귀하게 쓰이지요. 영광스러운 일이 있을 때 상으로 주거나 특별한 날 입는 옷에 독수리 깃털로 장식하는 거예요. 오늘날 미국의 몇몇 주에서는 북아메리카 원주민 출신이 아닌 사람들이 야생 독수리 깃털을 사고파는 건 법으로 금지되어 있어요!

*원주민: 그 지역에 원래부터 살고 있는 사람들.

스포츠 팀의 상징

독수리는 축구, 럭비, 하키, 야구 등 여러 스포츠 팀의 마스코트*로 흔히 쓰여요. 우리나라의 야구 팀 중 한화 이글스도 용맹한 독수리를 마스코트로 내세우고 있답니다.

*마스코트: 행운을 가져다준다고 믿어 간직하는 사물이나 사람.

탐험가가 들려주는 뒷이야기

하와닥스섬이 원래의 모습으로 돌아가고 있어요.

이게 무슨 뜻이냐고요? 미국 알래스카에서 멀리 떨어진 작은 섬, 하와닥스섬은 원래 새가 무척 많이 살았어요. 하지만 1780년에 배 한 척이 폭풍우에 휩쓸려 이 섬에 떠내려오면서 상황이 달라졌답니다. 바로 배에 살던 쥐 때문이었지요.

배에서 뭍으로 내려온 쥐 떼는 섬에 있는 새알과 새끼 새를 먹어 치웠어요. 새들은 빠르게 사라지기 시작했지요. 게다가 새의 먹잇감도 쥐 밖에 남지 않을 정도로 쥐가 너무 많아져 하와닥스섬이 '쥐섬'이라고 불릴 정도였어요. 2008년쯤에는 새가 거의 남지 않았어요. 결국 섬 관리자와 새 연구가들은 생태계를 파괴하는 쥐를 전부 잡아들였어요.

내가 하와닥스섬에 온 건 그로부터 2년 뒤였어요. 섬이 원래의 모습으로 돌아가고 있는지, 새들이 늘어났는지 조사하는 팀의 팀원으로 왔지요. 놀랍게도 섬 전체는 눈에 띄게 달라졌어요. 오래전에 섬을 떠났던 새들이 돌아왔고, 새의 수도 전보다 훨씬 많아졌어요.

무엇보다 험한 산꼭대기에서 매의 둥지를 발견했을 때에는 소리를 지르고 싶을 만큼 기뻤답니다. 매는 주로 다른 작은 새를 잡아먹기 때문에 매의 둥지가 있다는 건 먹잇감인 다른 새들도 많아졌다는 신호니까요. 지금도 하와닥스섬에는 매나 흰머리수리 같은 새들이 새끼를 낳으며 잘 살아가고 있어요. 이제 알겠지요? 우리가 새들을 보호하기 위해 조금만 힘을 쏟으면 사라져 가는 새들이 잘 번식하고 건강하게 살아갈 수 있어요.

하와닥스섬에는 댕기바다오리와 갈매기, 도요새, 슴새 같은 새들이 함께 살아요.

탐험가 힐러리 S. 영이 하와닥스섬에서 찍은 매 둥지 사진이에요.

맹금류의 위기는 곧 인류의 위기

맹금류는 자연의 균형을 맞추는 고마운 새예요.
농사짓는 땅 근처에서 쥐 같은 설치류와 해충을 잡아먹어 그 수를 줄이고, 죽은 동물을 먹어 치워 환경을 깨끗하게 만들지요.

생물학자들은 맹금류를 '지표종'이라고 불러요. 환경 연구가들이 환경이 얼마나 건강한지 관찰하고 확인하도록 도와주는 생물이라는 뜻이에요. 먹이 사슬 꼭대기에 있는 맹금류가 자기 서식지*에서 건강하게 살아간다면 서식지 전체가 건강하다는 신호예요. 맹금류 서식지의 흙과 물이 좋아서 식물이 건강하게 자라면, 그 식물이 맹금류 사냥감들의 먹이가 되어 사냥감들이 잘 자라고, 자연스럽게 맹금류의 먹이도 풍부해지면서 맹금류가 잘 살아가는 거니까요.

하지만 맹금류는 사람들이 일으킨 환경 변화에 민감해요. 그동안 사람들이 맹금류의 서식지를 침범하는 데 익숙해졌다지만, 사람과 가까이 살다 보면 여러 위험에 노출되어요. 차에 치이거나 전선에 부딪히고, 농약에 오염된 동물을 먹거나 마구잡이식 사냥으로 목숨을 잃어요. 그렇게 죽은 맹금류가 매년 수천 마리나 된다는 게 이를 증명하지요.

이런 일을 막으려면 맹금류에게 닥친 위험을 끊임없이 확인해야만 해요. 그 노력은 맹금류만을 위한 것이 아니랍니다. 우리 인류의 삶과 지구에서 살아가는 모든 생명에게 중요한 일이에요.

*서식지: 특정한 동물과 식물이 사는 장소.

맹금류를 구하는 사람들

다행히 맹금류와 그 서식지를 보호하려는 기관과 단체들이 꽤 많아요. 주로 기부금을 받거나 자원봉사자를 모아 다친 맹금류를 구조하고 자연으로 보내는 일을 하지요. 몇몇 단체들은 새가 이동하는 시기에 관찰 장소를 마련해 하늘을 살피고 새들의 수를 세며 그 수가 크게 줄지 않았는지 파악해요. 또 새들의 서식지를 연구하거나 야생 동물 보호의 중요성 등을 교육하기도 해요.

흰꼬리수리가 자기 영역을 지키기 위해 싸우고 있어요.

사진 속 솔개는 발톱도 노란색이고, 눈도 노란색이에요.

도전! 맹금류 박사
퀴즈를 풀며 용어를 익혀요

태어난 지 10주에서 14주쯤 되어 둥지를 떠날 준비가 된 새끼 올빼미들이에요. 어디를 뚫어지게 보고 있는 걸까요?

여러분의 맹금류 지식을 확인할 시간! 다음 용어의 뜻을 잘 읽고 표시된 페이지로 가서 쓰임을 확인하세요. 이어지는 퀴즈까지 맞혔다면, 여러분을 맹금류 박사로 인정합니다!

1. 맹금류
덩치 크고 고기를 먹는 사나운 새 무리 (7, 10쪽)

다음 중 맹금류에 속하지 않는 새는 무엇인가요?

a. 비둘기
b. 독수리
c. 매
d. 올빼미

2. 번식
동물이 짝짓기를 통해 그 수를 늘리는 일 (24, 41쪽)

맹금류는 대부분 1년에 몇 번 번식하나요?

a. 1번
b. 2번
c. 5번
d. 10번 이상

3. 국조
나라를 대표하는 새 (14쪽)

에콰도르, 칠레, 콜롬비아를 대표하는 새는 무엇인가요?

a. 흰머리수리
b. 안데스콘도르
c. 황조롱이
d. 필리핀독수리

4. 둥지
새가 알을 낳고 생활하는 곳 (22, 23쪽)

지금까지 발견된 것 중, 가장 커다란 둥지를 지은 새는 무엇인가요?

a. 긴다리말똥가리
b. 터키콘도르
c. 가시올빼미
d. 흰머리수리

5. 거리 인식
거리가 얼마나 되는지 판단하는 능력 (18쪽)

맹금류가 거리를 인식하는 데 도움을 주는 신체 기관은 무엇인가요?

a. 머리 앞쪽에 달린 눈
b. 갈고리처럼 휜 부리
c. 칼날 같은 발톱
d. 유연한 꼬리

6. 짝짓기
암컷과 수컷이 짝을 이루어 새끼를 낳고 번식하는 행위 (22쪽)

맹금류는 주로 어느 계절에 짝짓기를 하나요?

a. 봄
b. 여름
c. 가을
d. 겨울

7. 매사냥
맹금류를 훈련시켜 사냥에 활용하는 사냥법 (36, 37쪽)

매사냥을 위해 필요한 준비물이 아닌 것은 무엇인가요?

a. 발찌
b. 돌도끼
c. 두건
d. 끈

8. 펠릿
맹금류가 먹잇감을 삼켰다가 소화하지 못한 뼈와 이빨 등을 토해 낸 덩어리 (40쪽)

펠릿을 통해 알아낼 수 있는 것은 무엇일까요?

a. 먹이 사슬
b. 먹은 것
c. 그 지역에 사는 새의 수
d. a, b, c 전부

9. 이동
원래 있던 장소에서 다른 장소로 옮겨 가는 것 (39쪽)

동물이 멀리 이동하는 이유는 무엇일까요?

a. 먹잇감을 찾아서
b. 원래 살던 곳이 지겨워져서
c. 싸움에서 져서
d. 노래할 곳을 찾아서

10. 난치
새의 부리 위에 난 날카로운 돌기 (24쪽)

새는 난치로 무얼 하나요?

a. 알에 구멍을 뚫고 나오는 데 쓴다.
b. 먹이를 사냥하는 데 쓴다.
c. 냄새를 맡는 데 쓴다.
d. 사물을 보는 데 쓴다.

정답 1-a, 2-a, 3-b, 4-d, 5-a, 6-a, 7-b, 8-d, 9-a, 10-a

찾아보기

ㄱ
가면올빼미 13
가시올빼미 13, 23
갈매기 54
감지 27
개구리매 12, 34
검독수리 15, 25, 36, 43
검은대머리수리 12, 23
공중에서 맴돌기 19
구세계 독수리 34
국조 14
군대 53
귀족 37
긴다리말똥가리 22
기사 37
깃털 10, 38
꼬리 19
끈 37

ㄴ
낚아채다 10
난치 24
날개 19, 28, 35
남미수리 14, 16, 49
농작물 37
눈 18
눈가림하다 48
닐 암스트롱 53

ㄷ
달 착륙선 53
달마수리 51
댕기바다오리 54
덩치 10, 22
덮치기 35
도마뱀 12, 25
도요새 54

독수리 11, 12, 23
두건 37
두터운 가죽 장갑 37, 48
둥지 22, 38
들쥐 25
땅굴 23

ㄹ
랩터 10
럭비 53

ㅁ
마스코트 53
말똥가리 35
매 7, 21
매과 12
매사냥 37
맹금류 7, 10
머리깃카라카라 14
먹이 22, 25, 26, 27, 40
명금류 38
무선 전파 송신기 40
물수리 12, 19, 29
물수리과 12
미각 27
미국 항공 우주국 53
미국수리부엉이 47
미끄러지듯 날기 19

ㅂ
발찌 37
발톱 11, 19
뱀잡이수리 31
뱀잡이수리과 12
번식 41
베이올빼미 13
부리 18

북아메리카귀신소쩍새 35
붉은꼬리말똥가리 23, 46
붉은매 38
붉은솔개 29
비명올빼미 13
비버 25

ㅅ
사냥 28, 36
사냥꾼 18, 36
새 인형 41
생쥐 7, 45
설치류 25, 56
세이커매 37
소쩍새 13
솔개 12, 34
솜털 25
솟구치기 19
송골매 7, 17, 28
수각류 10
수리 7
수리과 12
수리부엉이 13
수염수리 12, 30
스포츠 53
슴새 54
시력 17
신세계 독수리 23
신화 53

ㅇ
아테나 52
아프리카바다수리 15, 29
안데스콘도르 12, 14, 16
알래스카 54
에어컨 실외기 23
엘레오노라매 12

영역 38
영역 다툼 39
오줌 48
올빼미 7, 12
올빼미과 13
왕대머리수리 5, 30, 47
우렁이솔개 34
원숭이올빼미 13, 51
원숭이올빼미과 13
위장 26
윤곽 35
이동 39
이집트대머리수리 30

ㅈ
재활 센터 41
전투기 7
조류강 12
조류학자 15
주기 24
주름살 5, 30
줄무늬새매 27
쥐섬 54
짝짓기 22

ㅊ
참매 7
참수리 6, 31
척추동물 12
청각 27
청력 17
축구 53

ㅋ
캘리포니아콘도르 12, 24
콘도르과 12, 34

ㅌ

터키콘도르 27, 51
토끼 25

ㅍ

파닥거리며 날기 19
파충류 25
펠릿 40

포뮬러 로사 43
필리핀독수리 15, 31
필리핀콩새매 14

ㅎ

하와닥스섬 54
하키 53
한화 이글스 53

항라머리검독수리 39
해리스매 29
햄버거 42
호루스 53
호수 15, 20
호크맨 52
황조롱이 12, 15
후손 10

흰꼬리솔개 47
흰매 15
흰머리수리 14, 20, 39, 51
흰올빼미 45

사진 저작권

Cover, Winfried Wisniewski/Minden Pictures; **Back Cover (LE),** Giedriius/Shutterstock; **(RT),** Jurra 8/Shutterstock; **(LOLE),** Michael Shake/Shutterstock; **Spine,** Jurra 8/Shutterstock; **1,** Donjiy/Shutterstock; **2-3,** Richard Whitcombe/Shutterstock; **4-5,** Nick Fox/Shutterstock; **6-7,** Sergey Gorshkov/Minden Pictures/Corbis; **7 (UP),** Margaret Amy Salter; **7 (LO),** courtesy Hillary S. Young; **8-9,** Nick Fox/Shutterstock; **10,** Franco Tempesta; **11 (UP LE),** Dean Bertoncel/Dreamstime; **11 (LOLE),** Lori Skelton/Shutterstock; **11 (MIDRT),** Nelik/Shutterstock; **12 (UPLE),** Mila Drumeva/Shutterstock; **12 (UPRT),** Donjiy/Shutterstock; **12 (LOLE),** MR/Shutterstock; **12 (MIDRT),** Michael Shake/Shutterstock; **12 (LORT),** Dennis Donohue/Shutterstock; **13 (UPLE),** J. Tairat/Shutterstock; **13 (UPRT),** Leena Robinson/Shutterstock; **13 (LORT),** Francis Bossé/Shutterstock; **14 (UPLE),** Peter Wey/Shutterstock; **14 (MIDRT),** Alfredo Maiquez/Shutterstock; **14 (LOLE),** Iakov Filimonov/Shutterstock; **14 (MIDLE),** Chepe Nicoli/Shutterstock; **15 (MIDLE),** Dave M. Hunt Photography/Shutterstock; **15 (UPRT),** Andamanec/Shutterstock; **15 (MIDRT),** Paul Reeves Photography/Shutterstock; **15 (MIDRT),** Edwin Verin/Shutterstock; **15 (LOLE),** Wild Pix/Shutterstock; **16 (UPRT),** Amskad/Shutterstock; **16 (LOLE),** Iakov Filimonov/Shutterstock; **17 (UPLE),** Chris Humphries/Shutterstock; **17 (UPRT),** Gisela Delpho/Getty; **17 (LORT),** Maureen Perez/Shutterstock; **18,** Dennis Donohue/Shutterstock; **19 (UPLE),** Trent Townsend/Shutterstock; **20-21,** Igor Kovalenko/Shutterstock; **22,** Wild Wonders of Europe/Nature Picture Library; **23 (LORT),** Christian Vinces/Shutterstock; **23 (UPLE),** Karel Gallas/Shutterstock; **23 (LOLE),** Alberto Reyes/AP Images; **23 (UPRT),** Steve Byland/Shutterstock; **24 (LE),** Larry B. King/Shutterstock; **24 (MIDRT),** Joel Sartore/National Geographic Creative; **25 (UPLE),** Nature Picture Library/Alamy; **25 (LOLE),** DK Limited/Corbis; **25 (UPRT),** David Gowans/Alamy; **25 (MIDLE),** Arco Images GmbH/Alamy; **25 (MIDRT),** Polina Truver/Shutterstock; **25 (LOMIDLE),** FLPA/Alamy; **25 (LORT),** Martello Studio/Shutterstock; **26,** Jad Images/Shutterstock; **27 (UPLE),** Mammoser/Shutterstock; **27 (UPRT),** Dreamframer/iStock; **27 (LORT),** George Grall/Natioal Geographic Creative; **28 (UPRT),** Medvedev Vladimir/Shutterstock; **28 (LE),** Michal Ninger/Shutterstock; **28 (UP),** Erni/Shutterstock; **29 (MID),** Steve Allen/Shutterstock; **29 (LOLE),** AGE Fotostock Spain, S.L./Alamy; **29 (LORT),** Margaret Amy Salter; **30 (UPLE),** Karel Stepan/Shutterstock; **30 (LOLE),** Marci Schauer/Shutterstock; **30 (RT),** TMore Campbell/Shutterstock; **31 (UP),** Nature Picture Library/Alamy; **31 (LOLE),** John Michael Evan Potter/Shutterstock; **31 (LORT),** Edwin Verin/Shutterstock; **32,** Tania Thomson/Shutterstock; **34 (UPLE),** Arthur Morris/Corbis; **34 (LOLE),** Menno Schaefer/Shutterstock; **34 (LORT),** Mattia ATH/Shutterstock; **35 (UPLE),** Alta Oosthuizen/Shutterstock; **35 (LOLE),** Igor Kovalenko/Shutterstock; **35 (MIDRT),** Vadimmus/Shutterstock; **35 (LORT),** Pete Pahham/Shutterstock; **36,** Ruta Production/Shutterstock; **37 (UPLE),** Heritage Image Partnership Ltd/Alamy; **37 (LOLE),** David Tipling/Alamy; **37 (UPRT),** Dario Lo Presti/Shutterstock; **37 (LOLE),** Arterra Picture Library/Alamy; **36 (RT),** fstockfoto/Shutterstock; **38 (LOLE),** KarSol/Shutterstock; **38 (UPRT),** Hamid Ebrahimi/iStock; **38 (MIDRT),** Fede Candoni Photo/Shutterstock; **38 (LORT),** Tania Thomson/Shutterstock; **39 (UP),** Thomas Crosley/Shutterstock; **39 (LOLE),** Menno Schaefer/Shutterstock; **39 (LORT),** Vladimir Kogan Michael/Shutterstock; **40 (UPRT),** Laszlo Balogh/Reuters/Corbis; **40 (LORT),** Picture Partners/Shutterstock; **40 (LOLE),** Margaret Amy Salter; **41 (UPRT),** Pittsburgh Post-Gazette/Zuma Press/Corbis; **41 (LOLE),** ZSSD/Minden Pictures/Corbis; **41 (LORT),** Matt Knoth/Shutterstock; **42 (UPLE),** Amskad/Shutterstock; **42 (UPRT),** MJTH/Shutterstock; **42 (LOLE),** Murray Cooper/Minden; **42 (LORT),** Ban Man Production/Shutterstock; **43 (UPLE),** Iakov Filimonov/Shutterstock; **43 (UPRT),** Jacek Chabraszewski/Shutterstock; **43 (MIDLE),** Konrad Wothe/Minden Pictures/Corbis; **43 (MIDRT),** Grigor Atanasov/Dreamstime; **43 (LOLE),** Michal Ninger/Shutterstock; **43 (LORT),** LZF/Shutterstock; **44-45,** James Pintar/Shutterstock; **46 (UP),** Ronnie Howard/Shutterstock; **47 (UPLE),** Nick Biemans/Shutterstock; **47 (UPLE),** Jurra 8; **47 (LOLE),** Lorimer Images/Shutterstock; **47 (UPRT),** Csterken/Shutterstock; **47 (MIDLE),** Art C Photos/Shutterstock; **48,** Petr Jilek/Shutterstock; **49 (UPLE),** Marcus VDT/Shutterstock; **49 (LO),** Matt Gibson/Shutterstock; **49 (UPRT),** Daniel Brigginshaw/Shutterstock; **50 (UPLE),** Evlakhov Valeriy/Shutterstock; **50 (UPRT),** Nierfy/Shutterstock; **51 (UPRT),** Jay Ondreicka/Shutterstock; **51 (UPLE),** Florida Stock/Shutterstock; **51 (LE),** Moments by Mullineux/Shutterstock; **51 (LORT),** Peter Vrabel/Shutterstock; **52 (LOLE),** DEA?G. Dagli Orti De Agostini/Getty; **52 (UPRT),** Stamp Collection/Alamy; **52 (MID),** Disney XD via Getty Images; **53 (UPLE),** Christine Osborne/Corbis; **53 (LOLE),** Marilyn Angel Wynn/Nativestock Pictures/Corbis; **53 (UPRT),** AF Archive/Alamy; **53 (MIDRT),** Lambros Kazan/Shutterstock; **53 (LOLE),** Bloomberg via Getty Images; **54 (UP),** Michael Quinton/Minden Pictures; **55,** Hillary S. Young; **56-57,** Neil Burton/Shutterstock; **58-59,** Mathee Suwannarak/Shutterstock; **60,** Gina Hendrick/Shutterstock; **63,** Wild Pix/Shutterstock

지은이 블레이크 호에나
평소 자연과 가까이 지내며 야생 캠핑을 즐긴다. 지금은 미네소타주 세인트폴에서 강아지 두 마리, 고양이 두 마리와 함께 살고 있다. 「이크와 아크(EAK & ACK)」 시리즈를 포함하여 스포츠, 탐험, 슈퍼 영웅, 공룡, 괴물, 외계인, 신화, 로봇 주제의 어린이 책을 백 권 이상 썼으며, 동요를 만들기도 한다.

지은이 힐러리 S. 영
생태학자이자 캘리포니아 산타바바라대학교의 생태학 교수로, 다양한 새들의 행동 및 생태를 연구하고 있다. 내셔널지오그래픽 협회와 함께 바닷새의 몸에 카메라를 부착해 상어와 참치 같은 수산물 어획 방법을 연구했다.

옮긴이 김아림
서울대학교 생물교육과를 졸업했고 같은 대학원 과학사 및 과학철학 협동 과정에서 석사 학위를 받았다. 과학을 넓은 관점에서 통합적으로 바라보는 일에 관심이 있어 출판사에서 과학책을 만들다가 지금은 출판 기획자 및 전문 번역가로 활동 중이다. 옮긴 책으로는 『베아트릭스 포터의 정원』, 『세포』, 『고래』, 『세상의 모든 딱정벌레』, 『자연의 농담』, 『쓸모없는 지식의 쓸모』, 『팬데믹 시대를 살아갈 10대, 어떻게 할까?』 등이 있다.

감수 박재근
서울대학교 생물교육과를 졸업하고 같은 대학교 대학원에서 석사, 박사 학위를 받았다. 중·고등학교 교사를 거쳐 현재 경인교육대학교 과학교육과 교수로 재직 중이다. 생물교육과 환경교육을 연구하고 있으며, 초등학교 과학 교과서의 저자 중 한 명이다.

1판 1쇄 찍음 - 2021년 10월 22일, 1판 1쇄 펴냄 - 2021년 11월 5일
지은이 블레이크 호에나, 힐러리 S. 영 **옮긴이** 김아림 **감수** 박재근 **펴낸이** 박상희 **편집** 이혜진, 전지선 **디자인** 김혜림, 신현수, 시다현
펴낸곳 (주)비룡소 **출판등록** 1994. 3. 17.(제16-849호) **주소** 06027 서울시 강남구 도산대로1길 62 강남출판문화센터 4층 **홈페이지** www.bir.co.kr
전화 영업 02)515-2000 팩스 02)515-2007 편집 02)3443-4318,9 **제품명** 어린이용 각양장 도서 **제조자명** (주)비룡소 **제조국명** 대한민국 **사용연령** 3세 이상

NATIONAL GEOGRAPHIC KIDS EVERYTHING : BIRDS OF PREY
Copyright ⓒ 2015 National Geographic Partners, LLC.
Korean Edition Copyright ⓒ 2021 National Geographic Partners, LLC.
All rights reserved.
NATIONAL GEOGRAPHIC and Yellow Border Design are trademarks of the National Geographic Society, used under license.
이 책의 한국어판 저작권은 National Geographic Partners, LLC.에 있으며, (주)비룡소에서 번역하여 출간하였습니다.
저작권법에 의해 한국 내에서 보호를 받는 저작물이므로 무단 전재와 무단 복제를 금합니다.
ISBN 978-89-491-3222-8 74400 / ISBN 978-89-491-3210-5 (세트)